L'Abbé

De MONTALEMBERT De CERS

NOTICE BIOGRAPHIQUE

Par H. De TILLY

Vice-Président de la Commission
des Arts et Monuments de la Charente-Inférieure
et
Secrétaire de la Société des Archives historiques
de la Saintonge et de l'Aunis.

SAINTES
Imprimerie HUS, rue Saint-Michel, 13
1879

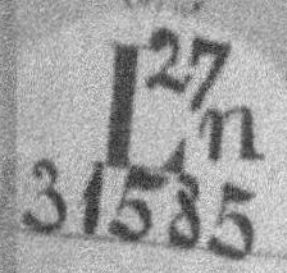

L'Abbé

De MONTALEMBERT De CERS

NOTICE BIOGRAPHIQUE

par

H. De TILLY

Vice-Président de la Commission des Arts et Monuments

de la Charente-Inférieure

et Secrétaire de la Société des Archives historiques

de la Saintonge et de l'Aunis.

Il est de ces hommes dont l'existence
modeste et cachée ne se révèle au grand
jour, avec tout l'éclat de leurs œuvres, que
lorsque Dieu les a appelés à lui. Tel fut
l'abbé Marie-Charles-Casimir de Montalembert de Cers, qui vient de mourir à
Tonnay-Charente, le 24 avril 1879, âgé de
93 ans. Fils de Nicolas-Prosper de Montalembert de Cers, chevau-léger de la garde
du roi Louis XVI, et de Jeanne-Charlotte
de Laulanie, il appartenait à une ancienne
famille d'Angoumois établie depuis un
siècle en Saintonge, qui fournit à diverses
époques plusieurs illustrations militaires ;
de nos jours, elle s'honore d'avoir compté
parmi ses membres le célèbre orateur et
écrivain catholique Charles, comte de
Montalembert, ancien pair de France.

Né à Saintes, le 7 février 1786, l'abbé de
Montalembert fut témoin, dès ses premières années, des grands et terribles
événements de la Révolution française.
Son père, émigré en 1791, avait servi sous
les ordres du prince de Condé. Après que
l'armée des émigrés eut été licenciée, il
lui fallut chercher des moyens d'existence
en Allemagne ; il fut assez heureux pour
être admis dans la maison du comte
d'Oldenbourg, l'un des personnages les
plus considérables de Westphalie, qui le
choisit comme précepteur de ses enfants.

Il avait laissé en France Mme de Montalembert, avec ses deux fils et sa fille, comptant revenir bientôt les rejoindre. Mais ses prévisions ne devaient pas se réaliser ! Mme de Montalembert s'était retirée à sa maison de campagne de Puydorin, dans la paroisse de Saint-Georges-des-Coteaux. Seule, sans appui, soupçonnée d'avoir des intelligences avec un émigré, quel sort pouvait lui être réservé ? C'est dans l'esprit religieux dont elle était animée, qu'elle puisa son courage et ses inspirations. Aux plus mauvais jours de la Révolution, elle donna asile à un pauvre ecclésiastique qui cherchait à se soustraire à la persécution. Longtemps le nouveau confesseur de la foi exerça en secret son saint ministère dans les paroisses de Saint-Georges-des-Coteaux, Nieul-les-Saintes et les Essards. Chaque matin avant l'aurore, il célébrait la messe dans une chambre de la maison de Puydorin. Ce devait être un touchant spectacle de voir cette mère de famille, entourée de ses trois jeunes enfants, unir ses prières à celles du pauvre prêtre proscrit, demandant à Dieu de mettre un terme aux malheurs de la France et de protéger son mari dans l'exil. Bien des fois le digne ecclésiastique parcourait les sentiers des bois environnants, déguisé sous des habits de paysan, pour porter à un mourant les suprêmes consolations de la Religion, ou conférer le baptême à un nouveau-né. Mais que de précautions pour ne pas donner l'éveil ! Dès qu'on apercevait dans la cour du logis quelque visiteur inconnu ou suspect, à un signal convenu, le prêtre se blottissait par une trappe dans l'étroit espace ménagé entre un double plancher. Il lui arrivait parfois de rester, des journées entières, étendu dans cet incommode réduit, qui ne recevait d'air et de lumière que par le carreau d'une imposte de croisée. Une telle hospitalité, exercée dans de semblables circonstances, ne devait-elle pas attirer les bénédictions du Ciel sur cette famille ?

Quand des jours plus calmes eurent succédé aux scènes sanglantes de la Terreur, Mme de Montalembert, sur la demande de son mari, se sépara de ses fils, et les envoya en Allemagne. Ils partirent, en 1796, pour Oldenbourg, sous la conduite d'un ancien et fidèle serviteur. Par des temps encore troublés, l'entreprise était aussi téméraire que périlleuse. Mais la divine Providence veilla visiblement sur les jeunes voyageurs qui arrivèrent sans encombre auprès de leur père. Ce fut donc avec les enfants du comte d'Oldenbourg que l'abbé Casimir de Montalembert fit ses premières études.

Rentré en France, en 1802, avec son père et son frère, il songea d'abord à embrasser la carrière des armes ; sa santé naturellement frêle et délicate ne lui permit pas d'en supporter les fatigues.

Voici, sur cette période de sa vie, d'intéressants détails empruntés à une lettre du 13 novembre 1807, qu'on a bien voulu nous communiquer :

« Casimir de Montalembert, après un court séjour à Fontainebleau, sortant de l'hospice, où son état de santé l'avait conduit, est tombé sur un couteau ouvert qu'il tenait à la main droite et s'est blessé légèrement le pouce. En attendant sa guérison, M. le général Bellavène lui a donné un congé pour aller chez lui et rejoindre un mois après. Mais cette blessure, qui n'était rien en apparence, a offensé le nerf et ne permet plus au pauvre Casimir de faire l'exercice. Il est, dit-on, très-fâché de ne plus pouvoir suivre la carrière militaire. Nous l'avons vu depuis son retour; il est instruit, gai et raisonnable. » On nous assure qu'étant à l'infirmerie, pendant cette maladie, il fit ses délices de l'*Imitation de Jésus-Christ*, si justement appelée le plus beau livre qui soit sorti de la main des hommes. La lecture méditée de ces pages fut sans doute l'un des coups de la grâce qui l'appelait au sacerdoce. Après plusieurs années passées parmi les siens, il dit adieu au monde; puis, il s'engagea dans la milice lévitique, qui, comme il l'a écrit lui-même, (*) « n'exige pas autant de force physique que le métier des armes, mais pour laquelle il ne faut pas moins d'énergie dans le caractère. »

Désormais, chaque date de sa vie marque une étape dans la carrière sacrée.

En 1812, il est au grand séminaire de La Rochelle sous la pieuse direction du Vénérable P. Baudouin. Le 18 février 1815, il reçoit les ordres sacrés des mains de Mgr Gabriel-Laurent Paillou, qui le désigne, le jour même de son ordination, pour le vicariat de Saint-Eutrope de Saintes. Il célèbre sa première messe à l'église de Saint-Eutrope, où il trouve, pour guider ses premiers pas dans la vie sacerdotale, le digne bénédictin dom Messeix, qui était curé de la paroisse.

______

(*) Panégyrique de Saint Maurice et de ses compagnons, martyrs, par M. l'abbé de Montalembert, p. 6.

L'exemple du fils entraîna le père. Peu de temps après, le même évêque conférait l'ordination à un autre ecclésiastique ; et ce nouveau prêtre, c'était Nicolas-Prosper de Montalembert, devenu veuf avant son retour de l'émigration, c'était l'ancien chevau-léger de Louis XVI, l'ancien soldat de l'armée de Condé. On sait quelles admirables traces de piété et de vertus il laissa dans le diocèse, soit comme supérieur du petit séminaire de Luçon et du grand séminaire de La Rochelle, soit comme membre du Chapitre. Quelques personnes se souviennent encore d'avoir vu, spectacle aussi rare qu'édifiant ! le fils assister son père à la célébration de sa première messe.

Nommé curé d'Epargnes, en 1817, l'abbé Casimir de Montalembert ne put tenir longtemps aux fatigues imposées par l'administration de cette vaste paroisse. Il fut rappelé à Saintes pour être aumônier des Ursulines de Chavagnes, que la Révérende Mère Saint-Benoît venait d'établir dans cette ville, sur la paroisse Saint-Vivien. Mais sa santé de plus en plus altérée l'obligea à se démettre de ses fonctions. Attaché à l'église Saint-Pierre, en qualité de prêtre habitué, il employa ses loisirs à composer un livre de piété sous le titre de : *Cadran de la Passion*. (*) Cet ouvrage, spécialement destiné aux infirmes et aux malades, offre une série d'édifiantes considérations appropriées à chacune des heures où s'accomplirent les diverses circonstances de la Passion de Notre Seigneur Jésus-Christ ; trop peu

---

(*) Saintes, imp. Alex. Hus, 1838, in-18 de 343 p.

connu, il renferme, a dit Mgr Villecourt,
« des avis très utiles et des sentiments
dignes de son pieux auteur. »

On nous saura gré de reproduire ces
lignes empruntées à l'*Introduction* : « Il
existe bien des ouvrages excellents sur les
souffrances du Sauveur ; mais dans les-
quels on n'a pas marqué à quelle heure de
la journée a eu lieu chaque circonstance
de la Passion de notre divin Maître. Il
semble que cette pensée : c'est à pareille
heure du jour ou de la nuit où je suis
maintenant, que mon Sauveur a enduré
telle ou telle souffrance ; il semble, dis-je,
que cela fixe mieux l'attention et touche
davantage. C'est ce qui a engagé un infirme,
qui a passé plusieurs années dans un état
de faiblesse qui ne lui permettait de ne se
livrer à aucun travail suivi, à rédiger ce
petit écrit, dans lequel il a marqué, d'après
le récit des Évangélistes, les différentes
souffrances que notre divin Maître éprouva
pendant chacune des heures soit du jour,
soit de la nuit, que dura sa Passion. Les
malades trouvant ainsi d'heure en heure,
à fixer leur imagination et à se reposer,
comme dit l'auteur de l'*Imitation de Jésus-
Christ*, dans les plaies du Sauveur, pour-
ront s'occuper pieusement, sans se fati-
guer..... » Ces considérations ainsi dispo-
sées, particulièrement pour la consolation
des personnes infirmes, peuvent aussi être
utiles aux chrétiens en santé, pour se
recueillir devant Dieu, aux différentes
heures de la journée.

On peut dire de cet ouvrage, comme
d'un autre du même genre, publié vingt-
cinq ans plus tard, *La journée des malades*,
par l'abbé H. Perreyve : « Il a été souffert,

avant d'être écrit. » Comment ne produi-
rait-il pas, sur l'esprit et le cœur de ceux
auxquels il est destiné, les plus salutaires
impressions ? Du reste, l'humble prêtre
n'a aucune ambition littéraire ; il n'hésite
pas à l'avouer ; son unique but est de faire
du bien aux âmes : « Nous n'avons eu
d'autre dessein, dit-il, que d'offrir, à nos
frères en Jésus-Christ, un petit ouvrage
d'un usage journalier et facile... » Le
Cadran de la Passion, approuvé par l'Évêque
de La Rochelle, le 30 mars 1837, parut
sans nom d'auteur.

Dans l'espoir de rétablir sa santé, l'abbé
de Montalembert résolut d'aller demander
des soins aux frères de Saint-Jean de Dieu,
à Paris, et vint se fixer dans leur établis-
sement, en 1845. Lié d'une étroite amitié
avec le comte de Montalembert, son cousin,
il l'aida puissamment à gagner, parmi les
jeunes étudiants, de nombreux adhérents
au Cercle catholique du Luxembourg ré-
cemment fondé. Afin de travailler utile-
ment à cette œuvre généreuse, il lui fallut
se mettre en rapport avec plusieurs nota-
bilités de la Capitale. Sa distinction natu-
relle, l'affabilité de ses manières, sa
conversation sérieuse, mais semée de traits
piquants et de fines reparties, son tact
exquis, lui conciliant l'estime et la sym-
pathie des personnes avec lesquelles il
entrait en relations, ne contribuaient pas
peu à assurer le succès de ses démarches.

Le zèle de l'abbé de Montalembert
pour le bien ne s'arrêta pas là. Il fut
aussi l'un des précurseurs de l'associa-
tion religieuse connue sous le nom de
Légion de Saint-Maurice. En réunissant
autour de lui les soldats, il voulait faire

tout à la fois de bons chrétiens et de vaillants défenseurs de la patrie. Il présidait lui-même les assemblées. C'est là qu'il prononça le panégyrique de Saint Maurice. Son discours, empreint d'une éloquence toute militaire et aussi remarquable par la solidité de la doctrine que par l'élégance du style, a été imprimé à Paris, en 1857. (*)

En voici des extraits qui confirment ce que nous savons déjà des premières années de ce bon prêtre : « Fils d'un militaire, s'écriait-il, issu d'une famille dont, à toutes les époques de notre histoire, presque tous les membres ont porté les armes, et dont un grand nombre, à commencer aux Croisades, sont morts sur le champ de bataille, c'est pour moi un grand bonheur chaque fois que je me trouve parmi des uniformes. Je l'eusse porté moi-même si, dans mes jeunes années, un tempérament plus robuste m'eût permis de supporter les fatigues de la guerre. Alors, je me suis déterminé à entrer dans une autre milice, celle du Seigneur..... qui a aussi ses jours de bataille, lorsque, dans les maladies épidémiques, il faut, au risque de sa vie, porter aux mourants les secours de la Religion ; ou lorsque, marchant à la suite des phalanges qui défendent l'État, on partage leurs fatigues et leurs dangers..... Vous comprenez, messieurs, qu'avec des goûts tout militaires, et une âme qui sait apprécier tout ce qu'il y a de grand et de généreux dans le dévouement militaire je suis fortement impressionné, lorsque,

(*) Panégyrique de Saint Maurice et de ses compagnons martyrs, par M. l'abbé de Montalembert. — Paris, 1857, lib. de Lossy, in-18 de 31 p.

chaque année le 22 septembre, je lis, dans l'office de l'Église, le récit du martyre de Saint Maurice et de ses compagnons, vos glorieux patrons, et je puis bien dire aussi les nôtres, puisque, comme je viens de le dire, nous avons comme vous nos jours de bataille. » Et l'orateur se mit à dérouler aux regards de ses auditeurs, émus et édifiés, les grandes scènes de la vie du bienheureux capitaine ; il redit son courage, son intrépidité, sa force d'âme en présence des ennemis du salut mille fois plus terribles que les ennemis de la patrie ; enfin, le magnifique triomphe d'une légion de héros transformés en martyrs et entrant, une palme à la main, sous la conduite de leur chef et de leur modèle, dans les célestes demeures. La conclusion fut une exhortation chaleureuse à invoquer, comme de puissants protecteurs auprès de Dieu, Maurice et les associés de ses combats et de sa gloire.

Le vénérable ecclésiastique ne se bornait pas seulement au ministère de la parole ; son dévouement aux soldats l'entraînait plus loin. Que de fois on le vit, comme un père au milieu de ses enfants, causer avec de jeunes militaires, qui venaient, les uns après les autres, se grouper autour de lui, écoutant ses salutaires avis ! Véritable apôtre, il formait en quelque sorte de nouveaux apôtres et se faisait un devoir de diriger les conscrits qui arrivaient au régiment. L'un d'entr'eux, son compatriote, Jean-Baptiste Drouillard, né à Courcoury, plutôt que de retourner à Varzay où habitait sa famille, entra au séminaire des Missions étrangères, après quelques années passées à Pons.

L'abbé de Montalembert l'aida de ses conseils et de sa bourse ; et l'ancien soldat saintongeais, fervent et courageux missionnaire, trouva une mort non moins glorieuse que sur les champs de bataille, en allant prêcher l'Evangile sur de lointains rivages.

L'abbé de Montalembert était encore à Paris, à l'époque du siége et des malheureux événements de 1871. Il habitait alors l'Infirmerie Marie-Thérèse. Pendant ces jours néfastes, les soldats de la Commune envahirent le paisible asile. Ils entrent dans la chambre du prêtre octogénaire, et lui mettent dérisoirement un fusil entre les mains, voulant l'emmener avec eux aux barricades. Une de ces héroïques filles qui ont consacré leur vie aux malades et aux infirmes se précipite à leur suite : « Eh ! ne voyez-vous pas qu'il est mourant ? » s'écrie-t-elle. La calme dignité du vieillard et la mâle énergie de la religieuse en imposent aux émeutiers avinés, qui se retirent en silence. Peu de temps après cet émouvant épisode, l'armée de Versailles vint chasser ces révoltés de l'Infirmerie Marie-Thérèse. Le danger était des plus pressants. On avait été obligé de faire descendre l'abbé de Montalembert dans les caves et il y resta dix heures entiéres, en proie aux plus vives inquiétudes.

De si terribles émotions avaient exercé une fâcheuse influence sur ses facultés. A la fin de 1871, il alla s'établir à Tonnay-Charente, auprès de sa famille, où l'attendaient des soins aussi affectueux qu'empressés.

Ainsi s'écoula la vie de l'abbé de Montalembert, vie humble et cachée, et pourtant

féconde en bonnes œuvres. Plein de
condescendance et de charité envers les
autres, il était pour lui-même d'une
grande sévérité. Profondément pénétré
de l'importance de ses devoirs, il ne sut
pas toujours résister aux inspirations d'une
conscience trop timorée. Mais Dieu a voulu
que cette longue et utile carrière fût cou-
ronnée par une sainte mort ; il lui a accor-
dé, à l'heure suprême, de retrouver toute
la vivacité d'une foi inébranlable et tous
les élans de la plus tendre piété, doux
présage des éternelles récompenses.